AF248500

LE
FIAT LUX
DU MINISTÈRE FRANÇAIS,
ET DES RENTIERS.

PARIS. — IMPRIMERIE DE COSSON.

RUE SAINT-GERMAIN-DES-PRÉS, N° 9.

LE
FIAT LUX

DU MINISTÈRE FRANÇAIS,

ET DES RENTIERS,

ou

SPÉCULATEURS SUR RENTES,

FRANÇAIS ET ÉTRANGERS.

PAR ARMAND SÉGUIN,

DE L'INSTITUT.

FIAT LUX! *Amen.*

PARIS,

JANVIER 1830.

INTRODUCTION.

Les dépenses supplémentaires de la guerre, de la marine et des affaires étrangères, sanctionnées par les lois du 24 juin 1829, nécessitent, en ce moment, la réalisation de l'emprunt de 80 millions, autorisé par la loi du 19 juin 1828.

D'après cette loi, le ministre des finances avait la faculté de fonder cet emprunt, soit sur des 5, soit sur des 4, soit sur des 3 pour cent.

Il a jugé plus convenable d'emprunter sur des 4 pour cent que sur des 5 ou sur des 3 pour cent.

Cette détermination suggère d'abord une première question :

Y aurait-il plus d'avantage pécuniaire pour l'état à emprunter à 5 pour o/o sur des 5 pour cent, ou à 4 pour o/o sur des 4 pour cent, ou à 3 pour o/o sur des 3 pour cent, *remboursables* ou *amortissables* à 100 fr. pour 5 fr., à 100 fr.

pour 4 fr., et à 100 fr. pour 3 fr., et conséquemment sans *augmentation de capital*, qu'à emprunter sur des 4 pour cent, avec *augmentation de capital ?*

Je me propose dans cet écrit d'approfondir cette question, qui, non-seulement dans ses résultats directs, mais surtout, et particulièrement, par ses conséquences est d'une haute *importance.*

Vu ces considérations, j'ose, dans l'intérêt de la *prospérité de la France*, supplier mes lecteurs avec *déférence*, mais avec *insistance*, de prêter toute leur attention à cette discussion; de la méditer *sérieusement*, et même de *l'approfondir* par toutes les voies qui dépendront de leurs facultés.

Voici comment est conçu l'arrêté du ministre des finances relatif à l'emprunt de 80 millions:

« Le ministre secrétaire d'état des finances, » en exécution de l'ordonnance royale de ce » jour (6 octobre 1829), arrête ce qui suit :

» ART. 1er. Le mardi, 12 janvier 1830, à midi, » il sera procédé au ministère des finances, en

» séance publique, à la vente et adjudication,
» sur soumissions cachetées, en un seul lot, et
» au plus offrant, de la somme de rentes, 4 pour
» cent, destinée à produire un capital de 80 mil-
» lions de francs, aux conditions et suivant les
» formes ci-après :

» 2. La compagnie adjudicataire jouira des
» arrérages de rentes, qui seront inscrites au
» grand livre, à partir du semestre commençant
» le 22 mars 1830.

» 3. Le paiement des 80 millions à fournir au
» trésor royal aura lieu par huitièmes de mois
» en mois, à commencer le 12 février 1830, pour
» finir le 12 septembre suivant.

» 4. Au jour fixé pour la réception des sou-
» missions, le ministre des finances ouvrira la
» séance en déposant sur le bureau un paquet
» cacheté, renfermant la déclaration signée de
» lui, du minimum du prix auquel il consent à
» la vente et adjudication des rentes, qui de-
» vront représenter les 80 millions de capital.
» Cette déclaration ne sera ouverte que dans
» le cas où aucune soumission n'aurait atteint
» le minimum fixé par le ministre.

» 5. Les soumissions seront reçues cachetées,
» des mains des soumissionnaires, numérotées
» de suite, et rangées sur le bureau, pour être
» ouvertes en leur présence, sans déplacemens ;
» le tout, publiquement, et séance tenante. Les
» soumissions une fois déposées ne pourront
» être retirées.

» 6. Toute soumission, pour être valable, de-
» vra 1° être conforme au modèle annexé; 2° avoir
» été précédée d'un dépôt de garantie, dont il
» sera justifié par la production d'un récépissé
» de la caisse des dépôts et consignations, lequel
» devra être annexé à la soumission. Le prix
» offert devra être exprimé positivement dans
» les soumissions, en francs et en centimes,
» sans stipulation d'aucune autre condition éven-
» tuelle.

» 7. Le dépôt de garantie de chaque soumis-
» sion ne pourra être au-dessous de 2 millions.
» Cette somme pourra être déposée en numé-
» raire, ou en inscriptions de rentes, 5 et 4 1/2
» pour cent, calculées au pair, ou en bons
» royaux, ou enfin en actions de canaux libé-
» rées, valeur nominale, avec transfert, au pro-

» fit de la caisse, de celles de ces valeurs qui
» seront nominatives ou à ordre. Les dépôts,
» pour garanties de soumissions non acceptées,
» seront rendus le lendemain de l'adjudication.

» 8. La réception des soumissions étant ter-
» minée, le ministre des finances procédera à
» leur ouverture, par ordre de numéros, et à
» la lecture publique desdites soumissions.

» 9. L'adjudication de l'emprunt sera faite à
» la compagnie qui aura offert le prix le plus
» élevé des rentes à fournir par le trésor royal,
» et à défaut de validité, à la soumission sui-
» vante, dans l'ordre des prix.

» Le ministre des finances prononcera pu-
» bliquement et séante tenante; il sera seul juge
» de la validité des soumissions.

» 10. Dans le cas de deux ou de plusieurs
» soumissions à prix égal, si les compagnies
» soumissionnaires ne déclarent pas immédia-
» tement se réunir, l'enchère serait, séance te-
» nante, rouverte entre elles, soit publique-
» ment, soit par soumissions cachetées, si l'une
» d'elles le demandait.

» 11. Dans les dix jours de l'adjudication

» la compagnie adjudicataire devra porter le dé-
» pôt de garantie à 10 millions; si le dépôt n'est
» pas complété à l'expiration de ce délai, la
» compagnie adjudicataire encourra la déchéance
» de plein droit, avec perte du premier dépôt
» de 2 millions, lequel demeurera acquis au
» trésor royal, à titre de dommages-intérêts.

» Le dépôt de 10 millions sera immédiatement
» restitué après le paiement du premier terme
» de l'émprunt.

» La compagnie adjudicataire aura la faculté
» d'anticiper le paiement de ce premier terme
» sur l'escompte de 3 pour o/o par an.

» 12. En échange du paiement du premier
» huitième par la compagnie adjudicataire, il
» lui sera délivré par le trésor royal des cer-
» tificats conformes au modèle ci-annexé.

» 13. A défaut de paiement d'un terme échu,
» le montant du certificat sera exigible en to-
» talité, et le ministre pourra en faire effectuer
» la vente au profit du trésor royal jusqu'à due
» concurrence.

» La solidarité stipulée dans la soumission
» modèle A cessera après le paiement du pre-

» mier huitième de l'emprunt, le montant de
» ce terme devant être retenu pour la garantie
» ultérieure du trésor royal. »

Comte CHABROL.

————

A quel taux s'élevera l'adjudication?

Quels seront les résultats et les conséquences de son exécution?

Telles sont les questions *secondaires* que suggère cet arrêté.

Pour faciliter leur solution, il importe d'exposer d'abord quelques données indispensables, relatives à la matière.

Déjà, et particulièrement dans un ouvrage inédit dont la distribution qui, *avec intention*, a été différée, mais qui cependant aura lieu au plus tard avant l'ouverture de la session de 1830, j'ai démontré :

1o Que le taux *vénal* d'une rente quelconque ayant atteint le taux *constitué* de cette valeur, et sa libération ayant lieu à ce taux constitué, soit par *remboursement volontaire ou forcé*, soit par *amortissement*, la somme des jouissances *régies* par l'intérêt du taux constitué *égalait* exactement, à la fin de la libération, quelle que fût sa durée, la somme des débours d'arrérages et de puissance de libération, *régis* par le taux de l'intérêt constitué, et fixés, en capital et intérêts, à l'achèvement de la libération;

2° Que tout emprunt amortissable, à *augmentation de capital*, c'est-à-dire tout emprunt fait à un taux d'intérêt supérieur au taux de l'intérêt de la valeur sur laquelle on le fait, est toujours, sans aucune exception, ou *non réalisable*, ou *pécuniairement onéreux* à l'emprunteur qui s'en aide;

3° Que tout emprunt amortissable, même fait et racheté à un taux d'intérêt égal à celui de la valeur sur laquelle il se fait, a l'inconvénient *inévitable* d'assujettir l'emprunteur, pendant toute la durée de la libération, au *rôle* de *mandataire gratuit* et *bénévole*;

4° Que les inconvéniens de ce rôle augmentent *progressivement*, en raison *inverse* du taux de l'intérêt de la valeur de l'emprunt;

5° Qu'ainsi un emprunt de 100 millions, fait

à 5 pour o/o , sur des 5 pour cent, rachetable à 100 fr. pour 5 fr., avec une puissance amortissante de 1 million, qui exigerait une durée de libération de

35 années, 10 mois, 20 jours,

serait plus *convenant* qu'un emprunt de 100 millions, fait à 4 pour o/o, sur des 4 pour cent, rachetés à 100 fr. pour 4 fr., avec une puissance amortissante de 1 million, qui exigerait une durée de libération de

40 années, 2 mois, 26 jours,

et que, de même, ce dernier serait plus *convenant* qu'un emprunt de 100 millions, fait à 3 pour o/o, sur des 3 pour cent, rachetés à 100 fr. pour 3 fr., avec une puissance amortissante de 1 million, qui exigerait une durée de libération de

46 années, 1 mois, 28 jours.

Je me sers ici, avec intention, du mot *convenant*, qui n'est relatif qu'à la position de mandataire gratuit et bénévole, dans laquelle se trouve nécessairement l'emprunteur ; parce qu'au fond, et sous l'aspect du résultat *pécuniaire*, il y aurait, en fin de compte, *égalité* dans ces trois combinaisons d'emprunt, ce qui est une des conditions *absolues* et *invariables* des emprunts amortissables, faits et rachetés au taux de l'intérêt de la valeur sur laquelle on les fait.

J'ai en outre démontré avec *évidence* :

1° Que les emprunts *amortissables* projetés par des administrations *sages* et *perspicaces* ne peuvent être *réalisables* et exempts de *lésion* ou de *désavantages*, à moins qu'ils ne soient faits à un taux d'intérêt égal au taux de l'intérêt transactionnel, *bien constaté*, sur des valeurs à taux semblable d'intérêt, et qu'ils ne soient rachetés à ce même taux d'intérêt;

2° Que par suite lorsque le taux vénal d'une rente a atteint le taux constitué de cette valeur, tout emprunt amortissable, à *augmentation de capital*, qu'on voudrait y substituer, pour opérer son remboursement *forcé*, occasionerait, dans cette application, à l'emprunteur qui s'en aiderait, une *perte pécuniaire* plus ou moins considérable, mais *assurée* et *inévitable*.

J'ai fondé la solution de cette proposition sur un grand nombre d'exemples dont j'extrais ici les deux suivans :

Emprunt de 80 millions, fait à 5 pour o/o, sur des 5 pour cent, arrivés sur la place au taux vénal de 100 fr. pour 5 fr. Dotation, 800,000 fr.

Emprunt de 80 millions, fait sur des 4 pour cent, livrés à 95 fr. pour 4 fr., arrivés sur la place au taux vénal de 100 fr. pour 4 fr. Dotation, 800,000 fr.

Ne pouvant se libérer que de l'un ou de l'autre de ces deux emprunts, quelle serait la libération à laquelle on devrait donner la préférence ?

Voici la marche à suivre pour obtenir cette solution :

Dans l'emprunt sur des 5 pour cent,

La jouissance serait de
8o millions.

Les arrérages seraient de
4,000,000 fr.

La dotation serait de
8oo,ooo fr.

Et les fonds de jouissances, d'arrérages et de dotation seraient *régis* par un intérêt de 5 pour o/o.

Dans l'emprunt fait sur des 4 pour cent,

La jouissance serait de
8o millions.

Les arrérages seraient de
3,367,38o fr.

Là dotation serait de
8oo,ooo fr.

Et les fonds de jouissances, d'arrérages et de dotation', seraient *régis* par un intérêt de 4 pour o/o.

(xiij)

D'après ces données , voici quels seraient les résultats de la libération des 5 pour cent :

Durée de la libération ,

35 années, 10 mois, 25 jours.

La somme des jouissances, à l'intérêt de 5 pour o/o, serait, en capital et intérêts, à l'achèvement de la libération, de

461,100,000 fr.

La somme des débours d'arrérages et de puissance de libération, à l'intérêt de 5 pour o/o, serait, en capital et intérêts à l'achèvement de la libération, de

461,100,000 fr.

Balance.

Jouissance. . . . . 461,100,000 fr.
Débours. . . . . 461,100,000 fr.

Balance,   zéro.

D'où il résulte que, dans cette position, et

en fin de compte, l'état n'aurait aucun intérêt *pécuniaire* à se libérer de sa dette, à 5 pour o/o.

Voici maintenant quel serait le résultat de la libération des 4 pour cent :

Durée de la libération,

44 années, 7 mois, 17 jours.

La somme des jouissances, à l'intérêt de 4 pour o/o , serait, en capital et intérêts, à l'achèvement de la libération, de

403,800,000 fr.

La somme des débours d'arrérages et de puissance de libération, à l'intérêt de 4 pour o/o , serait , en capital et intérêts, à l'achèvement de la libération, de

425,175,000 fr.

Balance.

Débours. . . . . 425,175,000 fr.
Jouissance. . . . . 403,800,000 fr.

Excédant des débours, et conséquemment *perte*. . . . . 21,375,000 fr.

C'est-à-dire, relativement au capital emprunté, près de

27 pour o/o.

Ainsi la libération du second emprunt, fait à $4\frac{211}{1000}$ pour o/o, sur des 4 pour cent, occasionerait, comparativement à la libération du premier emprunt, fait à 5 pour o/o, sur des 5 pour cent, une *perte* de

21,375,000 fr.

C'est-à-dire, relativement à l'émission de rentes plus de

35 pour o/o.

D'où il suit :

1₀ Qu'emprunter sur des 4 pour cent, livrés à 95 fr. pour 4 fr., et rachetés à 100 fr. pour 4 fr., pour en appliquer les produits au remboursement *forcé* de notre dette rentière, 5 pour cent, occasionerait à l'état une *perte* de près de

700 millions,

Et aurait de plus le grand désavantage de prolonger de plus de 15 années les embarras *iné-vitables*, pour l'emprunteur, des remboursemens forcés, effectués par le secours d'autres emprunts, savoir : de lui faire remplir, pendant toute la durée de la libération, le rôle de mandataire bénévole et gratuit;

2° Qu'il serait moins désavantageux pour l'état d'effectuer l'emprunt de 80 millions, aujourd'hui projeté, même à 5 pour o/o sur des 5 pour cent, que de l'effectuer sur des 4 pour cent, livrés à 95 fr. pour 4 fr., c'est-à-dire, que de l'effectuer à un intérêt de $4 \frac{211}{1000}$ pour o/o sur des 4 pour cent.

D'après cela, on doit regarder comme ne pouvant figurer dans les plans des administrations *sages* et *éclairées* tous remboursemens *forcés*, dus à d'autres moyens que ceux résultant de nos propres ressources, et surtout dus à des secours d'emprunts amortissables, *à augmentation de capital.*

Toute *persistance* d'espoir de remboursemens forcés par cette dernière voie serait une illusion d'autant plus dangereuse que son effectuation, en la supposant même *possible*, ajouterait *inévitablement* de nouvelles pertes aux pertes immenses que nous avons déjà éprouvées.

Heureusement, il n'est pas encore *sérieusement* question de remboursemens forcés par voie d'emprunt; on n'en laisse encore apparaître que des *velléités*.

Mais prenons y garde, à *l'instar* de la *phantasmagorie*, le loup *rusé* et *expérimenté* peut bientôt, comme un *point de mirage*, sortir du nuage orageux, grossir *instantanément*, et bientôt tout *dévorer*.

Le second acte pourrait alors être bien mieux *nourri* et bien plus *poignant* que le premier.

Ce ne sont pas là de ma part des pensées hasardées, mais bien des propositions dont *l'évidence* m'est *palpable*.

Qu'on ne soit donc pas étonné que, toutes les fois que l'occasion s'en présente, j'y revienne avec insistance.

Telle continuera à être ma marche, jusqu'à ce qu'enfin tous ceux qui ont intérêt à y voir, en soient tout aussi convaincus que moi.

Puisse cette *ténacité* de direction, contribuer

à nous sortir enfin de *l'ornière* financière dans laquelle nous ne pourrions, maintenant, que nous *égarer* davantage !

Dans notre position, qu'on pourrait, sans exagération, regarder, *financièrement*, comme un état *vierge*, il y a tant de belles choses à faire, et il serait si facile d'en obtenir les heu‑reux résultats, que nous devons regretter cha‑que instant qui reculerait ce moment si *pro‑spère* pour la France.

En attendant, et vu la position de la place, voici quelles auraient été les combinaisons aux‑quelles le ministère aurait dû accorder la *préfé‑rence.*

Emprunts à

4 pour o/o, sur des 4 pour cent ; 4 1/4 pour o/o, sur des 4 1/4 pour cent ; 4 1/2 pour o/o, sur des 4 1/2 pour cent ; 4 3/4 pour o/o sur des 4 3/4 pour cent ; 5 pour o/o, sur des 5 pour cent.

Les trois dernières de ces cinq combinaisons auraient été réalisables, en raison de ce que le cours vénal des 5 pour cent est à 109 fr. pour 5 fr.

Pour rendre les deux premières combinaisons réalisables, il aurait suffi *d'accroître* convenablement l'importance de la puissance de libération.

Dans toutes ces combinaisons, et au moyen de l'accroissement de dotation, pour les deux premières, voici les résultats dont on aurait pu se flatter :

1° L'emprunt de 80 millions aurait été facilement *réalisable*.

2° Il n'aurait occasioné aucune perte *pécuniaire* aux contribuables et à l'État.

3° Dans chacune de ces combinaisons, la somme des jouissances et la somme des débours auraient été *respectivement égales*.

Contrairement à ces résultats, en effectuant l'emprunt sur des 4 pour cent, par voie de libération à *augmentation de capital*, l'État éprouvera, *nécessairement* et *inévitablement*, une perte pécuniaire *certaine*, et seulement *variable* dans son *importance*.

Convenons cependant que, pouvant choisir, comme base d'emprunt, des 3 ou des 4 pour cent, le ministère a bien fait de préférer des 4 à des 3 pour cent, parce que ceux-ci auraient occasioné une perte encore plus considérable.

Dans de telles positions, tout ami de la France, après avoir payé à son pays le tribut de toutes ses facultés, ainsi que je l'ai fait, doit, pour nourrir ses *espoirs d'améliorations*, ne pas cesser de répéter ce vœu :

FIAT LUX ! *amen.*

LE

FIAT·LUX

DU

MINISTÈRE FRANÇAIS,

ET DES RENTIERS,

ou

SPÉCULATEURS SUR RENTES,

FRANÇAIS ET ÉTRANGERS.

QUELque puisse être l'esprit d'accaparement des *inévitables* entrepreneurs et fournisseurs généraux des emprunts de toutes les nations du globe, il est cependant d'autant moins probable que, par spéculation, leur chiffre d'enchère atteigne le taux constitué de la rente proposée, savoir : 100 fr. pour 4 fr., qu'un de leurs buts devra être nécessairement une *prompte* et *lucrative dissémination*.

Quoi qu'il en puisse être, de cette attente et de ce doute, les élémens de la nouvelle opération sont de telle nature que, même par *prévision*, ils ne peuvent laisser aucune incertitude, ou du moins qu'infiniment peu d'incertitude, sur leurs résultats *positifs* et *matériels*.

En effet, dans ces élémens entrent :

1.° La somme à emprunter ;

2.° La valeur sur laquelle on emprunte ;

3.° La dotation ;

4.° Le mode de libération.

Il ne manque donc plus, pour avoir l'ensemble des élémens, et conséquemment pour établir avec exactitude la balance du compte, qu'à connaître :

5.° Le prix de négociation ;

6.° Le prix de rachat ;

7.° La durée de libération ;

8.° La somme de libération ;

9.° Enfin le taux d'intérêt des jouissances et des debours.

Or, comme le 9_e élément doit être égal au 6e ;

Comme celui-ci doit être le taux moyen intermédiaire entre le taux de négociation et le taux constitué ;

Et enfin, comme le 7e et le 8e élémens sont toujours proportionnels au 6e et au 3e, il en résulte qu'il n'y a ici bien réellement, et en définitive, de véritable *inconnu* dans le problème que le 5e élément, savoir : le prix de négociation.

Avec la connaissance de cet *inconnu*, tous les autres élémens, qui semblent n'être pas fixés, peuvent se déterminer avec la plus grande exactitude, et dès lors la solution du problème ne peut présenter aucune incertitude.

Or, ce prix d'adjudication se trouve nécessairement limité entre des points extrêmes, que la nature même de l'opération ne permettrait pas de dépasser.

Ces points extrêmes sont 90 fr. et 100 fr. pour 4 fr.

Au-dessous de 90 fr., il serait moins *onéreux* pour l'État d'émettre des 5 pour cent, et de les vendre à 109 fr. pour 5 fr., que d'émettre des rentes 4 pour cent, et de les négocier au-dessous du prix de 90 fr. pour 4 fr.: et de même à 100 fr. pour 4 fr., l'opération ne pourrait être *réalisable*, parce que les rentiers, 5 pour cent, de même que les capitalistes à placement, n'auraient que de la perte par l'application de leur fonds en 4 pour cent, puisque, d'une part, ils n'éviteraient pas le remboursement forcé, et que, de l'autre, ils verraient, sans aucune compensation d'augmentation de leur capital, leur revenu considérablement diminué.

Si donc le prix d'adjudication était fixé, on pourrait, d'une manière absolue, déterminer *immédiatement* les résultats de l'emprunt, son avantage ou son désavantage *pécuniaires*, et *l'importance* de cet avantage ou de ce désavantage.

En attendant, et vu *l'importance* et les con-

séquences de l'objet, il ne peut qu'être *utile* d'é-
tablir *préalablement* ces résultats, dans toutes
les suppositions de soumissions *raisonnablement*
possibles, depuis le taux de 90 fr. jusqu'à celui
de 100 fr. pour 4 fr., en procédant par augmentation successive de 5 en 5 cent., de telle sorte
que le jour même de l'adjudication, chacun
puisse savoir avec exactitude quel sera, en fin
de compte, le résultat de la négociation.

Dans tous les cas, ma marche aura l'avantage
de donner aux personnes auxquelles ces objets
présenteraient de l'intérêt, les moyens de pouvoir *avant*, et mieux encore *après* l'adjudication,
en apprécier les résultats avec une exactitude
rigoureuse.

De l'emprunt de 80 *millions, sous l'aspect des
soumissionnaires-spéculateurs sur rentes, des
capitalistes à placement, des rentiers par substitution, et de l'État emprunteur.*

Je vais considérer l'emprunt des 80 millions,
sous l'aspect des soumissionnaires-spéculateurs
sur rentes; sous celui des capitalistes à placement, et des rentiers par *substitution;* enfin sous
celui de l'État emprunteur.

De l'emprunt de 80 *millions, sous l'aspect des rentiers à* substitution *et des capitalistes à* placement.

——————

Les intérêts des rentiers à *substitution*, et des capitalistes à placement, sont absolument *identiques*.

Je nomme rentiers à *substitution* ceux qui, étant porteurs d'inscriptions, se détermineraient à les vendre, pour en appliquer la valeur à des achats d'inscriptions en d'autres natures de rentes.

Je nomme capitalistes à *placement* ceux qui projetteraient d'employer leurs fonds disponibles à des achats d'inscriptions.

Quoi qu'il en puisse être de l'*effectuation*, sinon *probable*, au moins *possible*, d'un remboursement forcé de nos 5 pour cent, *à une époque plus ou moins éloignée*, les rentiers, cinq pour cent, doivent néanmoins, dans leur calcul de prévoyance, ne pas perdre de vue que, dans le cas possible de remboursement forcé, ils auraient à supporter sur leur capital, comparativement au taux vénal actuel, une perte de 9 fr. par chaque 109 fr., ou, ce qui revient au même, une diminution de 8 1/4 pour o/o sur leur capital constitué.

Mais aussi, par contre, s'étant maintenus dans leurs cinq pour cent, ils auraient joui, jusqu'au moment du remboursement forcé, de l'*excédant*

de leur revenu, comparé à celui auquel ils auraient été réduits en vendant leurs 5 pour cent,
et plaçant le produit de cette vente en inscriptions 4 pour cent, à 100 fr. pour 4 fr., excédant
de revenu qui, pour chaque 109,000 fr. de capital, serait de

$$640 \text{ fr.}$$

Or, en admettant une puissance amortissante
égale à 1 pour o/o du capital, et conséquemment
trente-six années de libération, les 640 fr. de
plus-value annuelle d'arrérages s'élèveraient, à
l'achèvement de la libération, à. . . 80,500 fr.

Le bénéfice ne serait que de . . . 9,000 fr.

La diminution d'arrérages serait
donc encore de   71,500 fr.

Et conséquemment il y aurait une *perte* de
plus de

$$71 \text{ pour o/o.}$$

Ce premier aperçu suggère ces autres questions :

Existerait-il un taux vénal qui pourrait en-
gager le rentier, 5 pour cent, à changer de rôle,
et à cesser d'être rentier, 5 pour cent, pour s'é-
tablir rentier, 4 pour cent?

Quel serait ce taux vénal?

Après avoir épuisé à ce sujet toutes les combinaisons possibles, à tous les cours de 5 en 5 centimes, voici la proposition que j'en ai déduite.

Les rentiers actuels, 5 pour cent, auraient plus d'intérêt à rester dans l'état où ils sont, que de vendre leurs inscriptions à 109 fr. pour 5 fr., et, avec le produit de cette vente, acheter des 4 pour cent, même à 90 fr. pour 4 fr.

D'où il résulte que si les soumissions dépassent le taux de 90 fr. pour 4 fr., ou si, après l'adjudication, le taux vénal des 4 pour cent dépasse 90 fr., pour 4 fr., aucuns des rentiers actuels, 5 pour cent, et aucuns des capitalistes à placement, à moins qu'ils ne soient *déraisonnables*, même quelque peu *insensés*, ou qu'ils ne sachent nullement calculer leurs intérêts, ne voudront, les uns, dénaturer leur position de rentiers, 5 pour cent, pour, avec les fonds provenant de la vente de ces rentes, se transformer en rentiers, 4 pour cent, les autres consacrer en achat de 4 pour cent leurs fonds disponibles.

En effet, quelle est la position actuelle des rentiers 5 pour cent?

Pour chaque cent mille francs de capital ils jouissent d'un revenu de

5,000 fr.

S'ils veulent vendre immédiatement, ils sont certains d'encaisser un capital de

109,000 fr.

S'ils veulent courir la chance, quelque peu probable qu'elle soit, ou qu'elle puisse leur paraître, d'un remboursement forcé, ils sont toujours certains d'un encaissement de

100,000 fr.

En attendant, ils continuent à toucher un revenu de

5,000 fr.

Maintenant, supposons que le cours vénal des 4 pour cent se trouve, soit par soumission, soit par circulation sur la place, de 90 fr. pour 4 fr., et que le taux vénal peu élevé de cette valeur les déterminent à vendre, *immédiatement*, leur 5 pour cent, pour, avec le produit de cette vente acheter des 4 pour cent, à 90 pour 4 fr.

En employant leur 109,000 fr. d'encaissement, à l'achat de 4 pour cent, à 90 fr. pour 4 fr., ils se feront un nouveau revenu de

4,844 fr.

Le revenu qu'ils remplaceraient était de

5,000 fr.

Leur perte de revenu serait donc de

156 fr.

Mais si, comme cela est possible, même probable, sauf l'époque, les 4,844 fr. leur produi-
sent, par remboursement forcé, un capital de

121,100 fr.

Leur augmentation comparative d'encaissement, et conséquemment leur *bénéfice* sur leur
capital, serait de

21,100 fr.

Car par remboursement forcé de 5 pour cent,
ils n'eussent encaissé qu'un capital de 100,000 fr.
tandis que, par remboursement forcé de 4 pour
cent, leur encaissement s'éleverait à 121, 100 fr.,
différence 21,100 fr.

La question à résoudre, pour établir l'avantage
ou le désavantage de leur opération, serait donc
celle-ci :

Combien faudrait-il d'années pour qu'une somme annuelle de 156 fr. s'élève, en capital et intérêts, à

21,100 fr.

Des calculs exacts prouvent que cette durée serait de

42 années.

Si donc la durée de la libération doit dépasser 42 années, il y aura perte pour le prêteur.

Recherchons donc quelle doit être, avec les élémens du projet d'emprunt de 80 millions, la durée de la libération, en supposant que l'émission ait été faite à 90 fr. pour 4 fr., et que le prix moyen des rachats doive être à 95 fr. pour 4 fr., prix moyen intermédiaire entre 90 fr. et 100 fr.

Des calculs convenables prouvent que cette durée serait de

42 années, 7 mois, 13 jours.

D'où il résulte qu'il y aurait *nécessairement* perte par la *substitution*, puisque l'augmentation de capital la plus considérable ne compenserait pas la perte de la diminution de revenu.

De l'emprunt de 80 *millions, sous l'aspect des soumissionnaires, spéculateurs sur rentes.*

Si les rentiers actuels, ou les capitalistes à placement, soumissionnaient *directement*, ce qui est *impossible;* et si tous étaient doués d'un *sens droit et sain*, ce qui est également *inadmissible*, certes les soumissions ne s'élèveraient pas au-dessus de 90 fr. pour 4 fr. ; mais les soumissionnaires baseront nécessairement leurs calculs sur une autre direction : ils se diront, sans doute :

Si les 4 pour cent sont adjugés à 95 fr., nos combinaisons pourront assez facilement, et promptement, élever le cours vénal à 100 fr. pour 4 fr. Alors nous nous en débarrasserons; et si, comme cela est possible, cette revente peut avoir lieu en une ou deux années, nous aurons perdu, en arrérages, à peine 700,000 fr., et nous aurons gagné, en augmentation de capital, 4,210,000 fr. *Profit* net, 3,510,000 fr.

Ce qui semblerait appuyer cette combinaison de *spéculation*, ce sont les manœuvres, déjà exercées sur la place, pour faire présumer que le taux vénal des 4 pour cent sera, *immédiatement* après l'ouverture des soumissions, au-dessus même du taux constitué de cette valeur, c'est-à-dire au-dessus de 100 fr. pour 4 fr.; *tactique* qui peut faire penser que l'avidité, ou la *jalousie de mé-*

tier de certains soumissionnaires, ou même la position toute *spéciale* du comité des receveurs généraux, pourraient faire élever le taux des souscriptions bien près du pair, peut-être même au-dessus de 100 fr. pour 4 fr.

Au surplus, que, dans ce cas, ils y prennent garde, il serait possible que le dernier mot n'en fût pas dit pour eux.

Dans le cas contraire, ces inévitables accapareurs augmenteraient leur trésor aux dépens des *dupes de la bourse*, qui, semblables aux moutons de Panurge, ne perdent pas l'habitude de jouer au *petit bonhomme vit encore*.

Ce résultat peut, à la vérité, être *risible* et *amusant* pour les soumissionnaires; mais, certes, le gouvernement ne devrait pas y être *indifférent*, car il pourrait en subvenir pour lui, perte d'une forte masse de ses *poules aux œufs d'or*.

De l'emprunt de 80 millions, sous l'aspect de l'État emprunteur.

Il doit maintenant être évident pour tous mes lecteurs :

1° Que tant qu'il existera des 5 pour cent en circulation, les rentiers 5 pour 100, ainsi que les capitalistes à placement, n'auront pas d'intérêt à vendre leurs 5 pour cent, pour acheter, en échange, des 4 pour cent à 100 fr. pour 4 fr.

2° Qu'ils ne pourraient se déterminer à cet échange qu'autant que, soit par soumission, soit par circulation, le taux vénal des 4 pour cent ne s'élèverait pas au-dessus de 90 fr. pour 4 fr.

3° Que le remboursement forcé de nos 5 pour cent, opéré par le produit d'emprunt *amortissable* à *augmentation de capital*, serait *onéreux* pour l'État.

4° Enfin, que le seul moyen de remboursement forcé, *admissible*, serait de l'effectuer avec nos propres ressources, d'après la direction indiquée dans l'aménagement, direction qu'il faudra bien, dans l'intérêt de l'État, suivre un peu plus tôt, un peu plus tard.

En attendant, recherchons quels seraient pour l'État le résultat des prix d'adjudication les moins improbables.

D'abord il est hors de doute que si l'on pouvait compter sur la *sagesse, possible,* des rentiers actuels et des capitalistes à placement, le premier taux vénal des 4 pour cent devrait s'élever au plus à 90 fr. pour 4 fr.

Mais, très-probablement, les combinaisons *aventureuses* des soumissionnaires fixeront ce taux à un prix plus élevé.

Même dans ce cas, au moins, serait-il complétement *déraisonnable* de supposer que ce taux dépasse celui de 100 fr. pour 4 fr., parce qu'à ce taux et au-dessus il y aurait, sans aucune compensation, et avec égale *crainte* de rembour-sement *forcé*, une *perte assurée* sur le revenu.

Ce que le ministère pourrait donc espérer de mieux serait que le taux d'adjudication fût intermédiaire entre 90 fr. et 100 fr.

Certes, une telle concession est grande, puisqu'il est évident que toutes les personnes qui s'accommoderaient de 4 pour 100 à des taux supérieurs à 90 fr. pour 4 fr., ne pourraient être rangées que dans la catégorie des joueurs qui, les yeux bandés, spéculent *à cartes sur tables*.

Néanmoins, comme sous le rapport de déraison, l'expérience des siècles et principalement du nôtre a prouvé que rien n'était impossible, n'en admettons pas moins des adjudications à 90 fr., et même au-dessus, ponr 4 fr., et recherchons quels seraient, dans ce cas, les résultats, pour l'État, de ces négociations.

Dans cette position, on conçoit qu'en établissant, par supposition, le résultat de tous les taux intermédiaires, de 5 en 5 centimes, celui de ces résultats qui concordera avec le prix de l'adjudication présentera le résultat *réel* de l'opération.

C'est là la marche que j'ai suivie; mais pour ne pas fatiguer l'attention de mes lecteurs, je ne présenterai ici que les détails de ces sept fixations, savoir :

90 fr., 95 fr., 96 fr., 97 fr., 98 fr., 99 fr. et 100 fr. pour 4 fr.

Quoi qu'il en puisse être au surplus de *l'importance* du prix d'adjudication, toujours sera-t-il certain que :

Moins les prix d'adjudication s'éloigneront de 100 fr. pour 4 fr., et plus les taux de rachat s'éleveront promptement au pair, c'est-à-dire à 100 fr. pour 4 fr., surtout en raison de l'influence des soumissionnaires qui, tendant à réaliser le bénéfice sur lequel ils auraient compté, emploieront tous leurs efforts pour leur *prompte* et surtout *presque subite* élévation.

Ce taux vénal et prochain de 100 fr. pour 4 fr. est surtout probable pour toute adjudication qui ne serait pas inférieure au prix de 95 fr. pour 4 fr.

Partons donc, pour établir la durée de la libération de toutes les soumissions supérieures à 95 fr., de rachats faits à 100 fr. pour 4 fr.

A ce sujet, la première question à résoudre est de savoir en combien d'années on pourrait amortir un capital de 80 millions, au rachat de 100 francs pour 4 francs, avec une puissance amortissante de 800,000 francs.

Des calculs convenables prouvent que cette durée serait de

41 années, 3 mois 11 jours.

Or, pendant ce temps, le gouvernement emprunteur aura à subvenir aux débours nécessités, par l'importance des arrérages, *variables* suivant le prix de soumission, et par les 800 millions de dotation fixe.

Par contre, il profitera, *directement* ou *indirectement*, de l'emploi, soit *immédiat*, soit *successif*, de la jouissance des 80 millions d'encaissement, et cette jouissance, de même que ces debours, devront, pendant toute la durée de la libération, *fructifier* pour lui à un taux d'intérêt égal au taux de l'intérêt du rachat, savoir : à 4 pour o/o.

Ainsi, pour apprécier l'avantage ou le désavantage comparatif de chacune de ces bases d'adjudication, savoir, 90, 95, 96, 97, 98, et 100 fr. pour 4 fr., il suffira de balancer, à l'achèvement de la durée de la libération, durée fixée d'avance d'une manière invariable, puisque, à défaut d'amortissement, on peut l'effectuer par remboursement, il suffira, dis-je, de balancer, à l'époque de l'achèvement de la libération, la somme des jouissances en capital et intérêts, avec la somme des débours en capital et intérêts, l'un et l'autre au taux d'intérêt de la libération, c'est-à-dire à 4 pour o/o.

Si la somme des jouissances est *égale* à la somme des débours, l'emprunt ne présentera ni avantage ni désavantage *pécuniaires*. Il se réduira à un objet de convenance dans lequel l'emprunteur

ne figurera qu'en remplissant le rôle de mandataire gratuit et bénévole.

Si la somme des débours *excède* la somme des
jouissances, l'emprunt sera pécuniairement onéreux pour l'emprunteur, et cette perte sera
d'autant plus considérable que la somme des débours excédera d'avantage celle des jouissances.

Quels que soient au surplus, sous tous les as-
pects, ces objets de comparaison, les propositions
à en déduire seront que l'emprunt de 80 millions,
tel qu'il a été conçu, ne peut que présenter des
désavantages pécuniaires pour l'Etat, et que le
moindre de ces inconvéniens serait une gestion
de mandataire *gratuit* et *bénévole*.

Cette proposition acquerra le plus grand de-
gré d'évidence par le rapprochement des exemples suivans.

Emprunt de 80 *millions sur des* 4 *pour* 100. —
Livrés à 100 *pour* 4 *fr.* — *Rachetés au pair de*
100 *fr. pour* 4 *fr.* — *Durée de la libération,*
40 *années,* 2 *mois,* 26 *jours.* — *Montant des*
arrérages, 3,200,000 *fr.* — *Taux d'intéréts*
des rachats, des jouissances et des débours,
4 *pour* 0/0.

La somme des débours pour arrérages et pour
puissance de libération, s'élèvera, en capital

et intérêts, à l'achèvement de la libération,
à . . . . 387,700,000 fr.

La somme des jouissances
s'élèvera, en capital et intérêts,
à l'achèvement de la libération,
à 387,700,000
____

Balance.   zéro.
═══════════

D'où résulte que ce mode d'emprunt, de même
que tous ceux dont le taux d'intérêt égal le taux
d'intérêt du rachat, ne présenterait aucune *perte*.

───

*Emprunt de 80 millions, sur des 3 pour 100. —
Livrés à 90 fr. pour 4 fr. — Rachetés au taux
intermédiaire de 95 fr. pour 4 fr. — Durée
de la libération, 40 années, 3 mois, 11 jours.
— Montant des arrérages, 3,556,000 fr. —
Taux d'intérêt du rachat, des jouissances et
des débours, 4$\frac{211}{1000}$ pour o/o.*

───

La somme des débours, pour arrérages et pour
puissance de libération, s'éleverait, en capital et
intérêts, à l'achèvement de la li-
bération, à . . . . 444,840,000 fr.
La somme des jouissances

Report. 444,840,000 fr.

s'éleverait, à l'achèvement de la libération, à   421,200,000 fr.

Excédant des débours, ou perte,   13,640,000 fr.

C'est-à-dire, relativement au capital prêté, plus de

29 pour o/o.

Emprunt de 80 millions, sur des 4 pour cent. — Livrés à 95 fr. pour 4 fr. — Rachetés au pair de 100 fr. pour 4 fr. — Durée de la libération, 41 années, 3 mois, 11 jours. — Montant des arrérages, 3,369,000 fr. — Taux d'intérêts des rachats, des jouissances et des débours 4 p. o/o.

Les sommes des débours, pour arrérages et pour puissance de libération, s'éleveraient, en capital et intérêts, à l'achèvement de la libéra-tion, à . . . . 425,175,000 fr.

La somme des jouissances s'é-leverait, en capital et intérêts, à l'achèvement de la libération, à   403,800,000 fr.

Excédant des débours, ou perte . . . . , 21,375,000 fr.

C'est-à-dire, relativement au capital prêté, à près de

27 pour o/o.

Emprunt de 80 millons, sur des 4 pour cent. — Livrés à 96 fr. pour 4 fr. — Rachetés au pair de 100 fr. pour 4 fr. — Durée de la libération, quarante et une années, vingt-cinq jours. — Montant des arrérages, 3,333,000 fr. — Taux d'intéréts des rachats, des jouissances et des débours, 4 pour o/o.

Les sommes des débours, pour arrérages et pour puissance de libération, s'éleveraient, en capital et intérêts, à l'achèvement de la libération, à . . . . 417,215,000 fr.

La somme des jouissances s'éleverait, en capital et intérêts, à l'achèvement de la libération, à . . . . 400,500,000 fr.

Excédant des débours, ou perte. . . . . 16,715,000 fr.

C'est-à-dire, relativement au capital, près de

21 pour o/o.

Emprunt de 80 millions. — Sur des 4 pour cent. —Livrés à 97 fr. pour 4 fr.—Rachetés au pair de 100 fr. pour 4 fr. — Durée de la libération, 40 années, 10 mois, 10 jours. — Montant des arrérages 3,299,000. — Le taux des intérêts des rachats, des jouissances et des débours, 4 pour o/o.

———

La somme des débours, pour arrérages et pour puissance de libération, s'élèverait, en capital et intérêts, à l'échéance de la libération, à . . . . 409,500,000 fr.

La somme des jouissances s'élèverait, en capital et intérêts, à l'achèvement de la libération, à . . . . 397,200,000 fr.

Excédant des débours, ou perte. . . . . , ... 12,300,000 fr.

C'est-à-dire, relativement au capital, plus de

15 pour o/o.

*Emprunt de 8o millions, sur des 4 pour cent.—
Livrés à 98 pour 4 fr. — Rachetés au pair
de 100 fr. pour 4 fr. — Durée de la libération, 40 années, 7 mois, 3 jours. — Montant
des arrérages, 3,266,000 fr.— Taux d'intérêts
des rachats, des jouissances, et des débours,
4 pour o/o.*

———

La somme des débours, pour arrérages et
pour puissance de libération, s'éleverait, en capital et intérêts, à l'achèvement de la libération,
à . . . . 402,800,000 fr.

La somme des jouissances
s'éleverait, en capital et intérêts,
à l'achèvement de la libération,
à . . . . 394,000,000 fr.

Excédant des débours, ou
perte . . . . 8,800,000 fr.

C'est-à-dire, relativement au capital,

11 pour o/o.

*Emprunt de 80 millions, sur des 4 pour cent. —
Livrés à 99 fr. pour 4 fr. — Rachetés au pair
de 100 fr. pour 4 fr. — Durée de la libération,
40 années, 5 mois, 8 jours. — Montant des
arrérages, 3,232,000 f. — Taux d'intérêts des
rachats, des jouissances et des débours, 4 p. o/o.*

———

La somme des débours, pour arrérages et pour
puissance de libération, s'éleverait, en capital et
intérêts, à l'achèvement de la
libération, à . . . . 394,700,000 fr.
Le somme des jouissances s'é-
leverait en capital et intérêts, à
l'achèvement de la libération,
à . . . . 390,800,000 fr.

Excédant des débours, ou
perte . . . . 3,900,000 fr.

C'est-à-dire, relativement au capital, près de
5 pour o/o.

L'emprunt de 80 millions fait sur des 3 pour cent aurait été plus onéreux que fait sur des 4 pour cent.

———

Pour donner une nouvelle preuve de notre *impartialité* dans ces discussions, nous allons présenter un dernier exemple, qui nous procurera au moins la satisfaction de pouvoir *louer* le ministère d'avoir choisi, comme base de son emprunt de 80 millions, des 4 pour cent, de préférence à des 3 pour cent, et de ne s'être pas, dans cette circonstance, *servilement* traîné dans la fausse direction qu'on avait cherché à faire prévaloir en 1825.

———

Emprunt de 80 millions — fait à l'intérêt de 4 pour o/o, sur des 3 pour cent. — Livrés à 84 fr. pour 3 fr., — et rachetés au taux moyen intermédiaire de 92 fr. pour 3 fr., avec une puissance amortissante de 800,000 fr., en 46 années, 7 mois, 1 jour.

———

A l'achèvement de la libération, la somme des débours, à l'intérêt de $4\frac{428}{1000}$ pour o/o, taux d'intérêts de 92 fr. pour 3 fr., s'éleverait, en capital et intérêts, à . . . . 390,810,000 fr.

A la même époque, et d'après les mêmes bases, la somme des jouissances s'éleverait à . . . . . 356,700,000 fr.

L'excédant des débours, et conséquemment la *perte*, serait de . . . . 34,110,000 fr.

C'est-à-dire, relativement au capital, près de

43 pour o/o.

Or, nous avons vu ci-dessus que l'emprunt de 80 millions, fait sur des 4 pour cent, livrés à 95 fr., rachetés au pair de 100 fr. pour 4 fr., occasionerait une perte de

23, 640, 000 fr.

Cet emprunt fait à 4 pour o/o, sur des 3 pour cent, livrés à 84 fr., rachetés à 92 fr. pour 3 fr., occasionerait une perte de

34, 110, 000 fr.

On peut donc dire que le ministère a eu raison de choisir, comme base de son emprunt, des 4 pour cent plutôt que des 3 pour cent, parce qu'autrement la perte aurait été encore plus forte.

Rapprochemens.

Il résulte du rapprochement de ces divers exemples :

1° Qu'en empruntant les 80 millions, soit à l'intérêt de 5 pour o/o, sur des 5 pour cent, rachetés à 100 fr. pour 5 fr.; soit à l'intérêt de 4 pour o/o, sur des 4 pour cent, rachetés à 100 fr. pour 4 fr.; soit enfin à l'intérêt de 3 pour o/o, sur des 3 pour cent, rachetés à 100 fr. pour 3 fr.; la somme des jouissances égalerait la somme des débours;

2° Qu'ainsi aucune de ces combinaisons d'emprunt n'aurait occasioné de perte;

3° Qu'en empruntant les 80 millions sur des 3 pour o/o, négociés au cours vénal actuel de 84 fr. pour 3 fr., la somme des débours aurait dépassé la somme des jouissances, et aurait ainsi occasioné pour l'état une perte de

34, 110, 000,

C'est-à-dire, relativement au montant de l'emprunt, près de

43 pour o/o;

4° Qu'en empruntant les 80 millions sur des 4 pour cent, négociés au taux vénal qui seul pourrait rendre l'emprunt *raisonnablement* réalisable, savoir, 90 fr. pour 4 fr., la perte pour l'État serait de

$$23,640,000 \text{ fr.}$$

C'est-à-dire, relativement au capital de l'emprunt, près de

$$30 \text{ pour } 0/0;$$

5° Que même, en supposant la possibilité de réalisation d'un tel genre d'emprunt, à des taux supérieur à 90 fr., même à 99 fr. pour 4 fr., il existerait encore *perte* pécuniaire pour l'emprunteur;

6° Que, par suite, toute combinaison d'emprunt amortissable, avec *augmentation de capital*, sur des 4 pour cent, aurait dû être écartée, comme onéreuse à l'État;

7o Que, dans la situation de la place, les 5 pour cent ne pouvant plus occcasioner de nouvelles *pertes* à l'État, il n'y a pour lui aucun intérêt à les rembourser par le produit d'emprunts amortissables, à *augmentation de capital*, qui, *nécessairement*, ou ne seraient pas *réalisables*, ou occasioneraient de nouvelles *pertes*;

8° Que cette conséquence absolue de la suspension de perte, par le maintien d'existence des 5 pour cent, provient de ce que la jouissance des fonds, quelle qu'en soit la source, destinés à les rembourser, fructifieraient, dans le cas de non-remboursement forcé, entre les mains du débiteur à un taux d'intérêt égal à celui des débours de la dette : d'où résulterait *non détérioration*, *et nullité de différence pécuniaire* dans les résultats comparatifs.

6° Enfin qu'on ne pourrait fonder d'espoir sur la réalisation de l'emprunt de 80 millions, à des taux supérieurs à 90 fr. pour 4 fr., qu'autant que les rentiers et les capitalistes à placemens ne se dirigeraient que par la seule influence des *caprices* du jeu et de l'*insuffisance* de leurs connaissances; ce qui, certes, serait déjà un grand malheur pour l'État, dût même le ministère se trouver dans une situation tellement *confortable*, qu'en présence des rentiers et des capitalistes à placemens, il crût prudent de se borner à donner, *comme motif de présomption d'un sincère et véritable intérêt*, l'épanchement de cette pensée :

A quoi donc sert un esprit sain et droit?

A RIEN.

Il n'y a que de la vergogne à se glorifier d'en être doué.

Gaudeant bene nati.

RÉSUMÉ.

La nécessité de réaliser l'emprunt de 80 millions aurait pu amener des dispositions plus ou moins *concordantes* avec nos désirs *d'améliorations financières*.

Loin de là, il n'en surviendra que des résultats contraires.

Ce qu'il aurait fallu d'abord faire, c'eût été d'approfondir la matière.

Ne l'a-t-on pas voulu?

Ne l'a-t-on pas pu?

Je ne prononcerai pas sur ces questions.

Ce qui est hors de doute, c'est qu'on ne l'a pas fait.

Il est des idées *mères*, des bases *fondamentales*, qui auraient dû servir d'élémens aux combinaisons du projet d'emprunt.

Malheureusement les rédacteurs de ce projet ont *ignoré* ou *négligé* ces élémens.

On avait le choix d'emprunter sur des 5 ou sur des 4 pour cent.

L'emprunt fait sur des 5 pour cent, même à l'intérêt de 5 pour o/o, n'aurait occasioné aucune *perte*.

L'emprunt projeté sur des 4 pour cent occa-

(50)

sionera nécessairement des *pertes*, en fin de compte.

L'emprunt fait sur des 5 pour cent aurait été facilement et sûrement *réalisable*.

L'emprunt projeté sur des 4 pour cent ne sera que difficilement raisonnablement *réalisable*.

En établissant et comparant toutes les situations possibles des emprunts faits sur des 5 pour cent, à 5 pour o/o, et des emprunts faits sur des 4 pour cent, on aurait reconnu avec évidence la vérité de ces propositions, et dès lors, ayant la faculté du choix, on aurait de préférence emprunté sur des 5 pour cent, même à 5 pour o/o, plutôt que sur des 4 pour cent, avec *augmentation de capital*.

En ne le faisant pas, on s'est vu forcé de se prêter à un ordre de combinaisons qui, en dernier résultat, sera *pécuniairement désavantageux* à l'emprunteur et aux prêteurs, peut-être même aussi aux soumissionnaires, en contrariant leur espoir d'une *prompte et facile dissémination*.

Les combinaisons d'emprunt sur des 5 pour cent, même à 5 pour o/o, auraient au contraire donné la garantie qu'il n'y aurait aucune *lésion* pour l'emprunteur et pour le prêteur, et même pour les soumissionnaires.

Dans une telle position, on aurait pu attendre plus tranquillement le moment *désirable*, ou, avec nos propres moyens , nous pourrons procéder au remboursement des 5 pour o/o , et alors prendre , si les besoins s'en faisaient sentir , de nouvelles dispositions d'emprunts , *remboursables,* à taux d'intérêt égal au taux de l'intérêt transactionnel , combinaisons d'emprunt de toutes les plus convenantes et les *moins onéreuses* pour l'emprunteur.

Lorsque les rédacteurs actuels des propositions financières seront suffisamment *initiés* aux élémens *sains et vrais* de la science financière, et lorsque cette étude sera suffisamment *familière* au public, ce qui très-heureusement ne tardera pas maintenant beaucoup à arriver , alors le ministère reconnaîtra enfin que, dans son propre intérêt, toute direction de lucre *financière* est *nuisible* , surtout parce que rarement la partie lésée retombe plusieurs fois dans le même piége, et que, comme le dit le proverbe, *chat échaudé craint l'eau froide.*

FIAT LUX. Amen.

TABLE.

Pag.

FIN DE LA TABLE.